Impressum
Verlag: BABADADA GmbH, Nedderfeld 112 , 22529 Hamburg
Geschäftsführer / Verlagsleitung: Harald Hof
Druck: Books on Demand GmbH, In de Tarpen 42, 22848 Norderstedt

Imprint
Publisher: BABADADA GmbH, Nedderfeld 112 , 22529 Hamburg, Germany
Managing Director / Publishing direction: Harald Hof
Print: Books on Demand GmbH, In de Tarpen 42, 22848 Norderstedt

skole

school

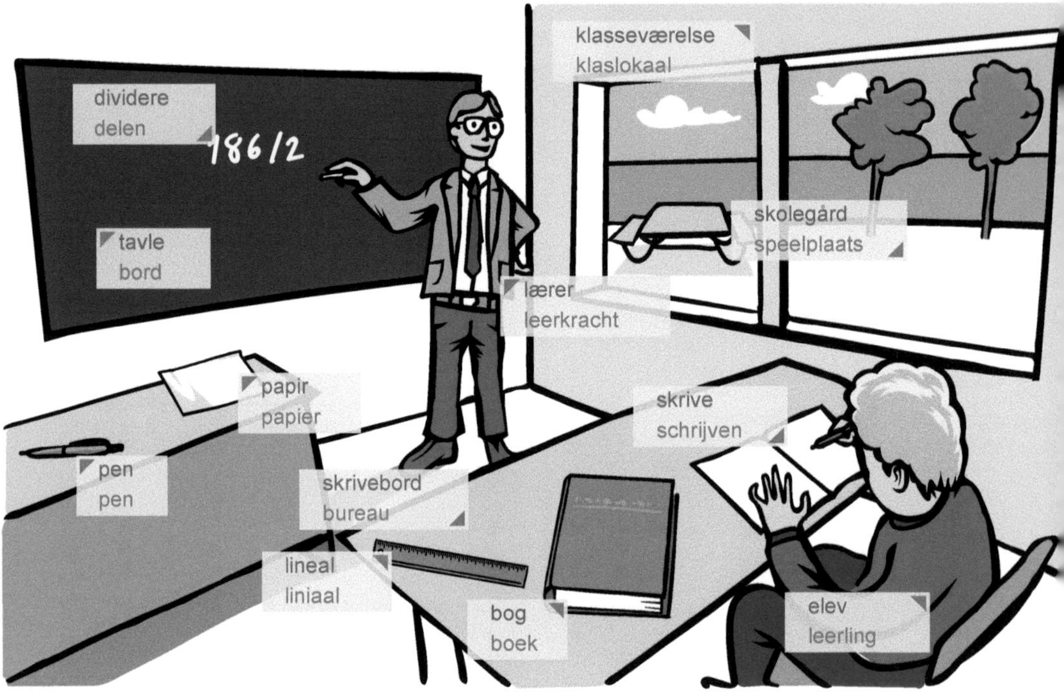
klasseværelse
klaslokaal
dividere
delen
186/2
tavle
bord
skolegård
speelplaats
lærer
leerkracht
papir
papier
skrive
schrijven
pen
pen
skrivebord
bureau
lineal
liniaal
bog
boek
elev
leerling

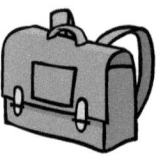

skoletaske

schooltas

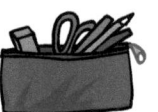

penalhus

pennenzak

blyant

potlood

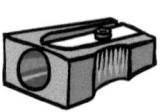

blyantspidser

puntenslijper

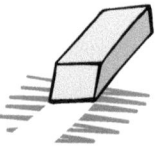

viskelæder

gom

tegneblok

tekenblok

tegning

tekening

pensel

verfborstel

æske med vandfarver

verfdoos

saks

schaar

lim

lijm

opgavehefte

werkboek

lektie

huiswerk

tal

nummer

2+2

addere

optellen

5-2

subtrahere

aftrekken

multiplicere

vermenigvuldigen

regne

rekenen

A

bogstav

letter

alfabet

alfabet

ord

woord

tekst
....
tekst

læse
....
Lezen

kridt
....
krijt

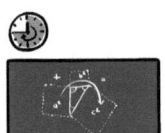

time
....
les

klasseprotokol
....
klassenboek

eksamen
....
examen

karakterbog
....
certificaat

skoleuniform
....
schooluniform

uddannelse
....
onderwijs

leksikon
....
encyclopedie

universitet
....
universiteit

mikroskop
....
microscoop

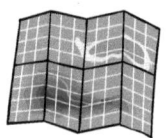

kort
....
kaart

papirkurv
....
papiermand

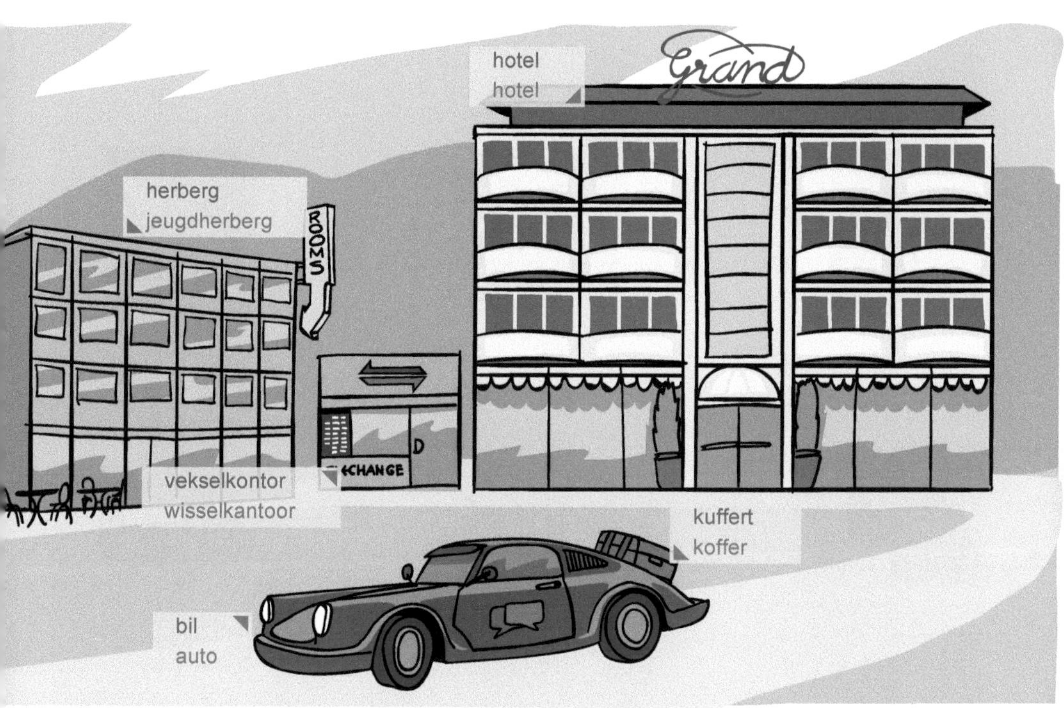

hotel
hotel
Grand
herberg
jeugdherberg
ROOMS
vekselkontor
wisselkantoor
kuffert
koffer
bil
auto

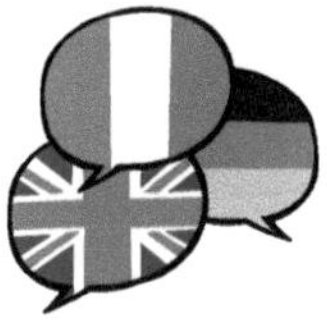

sprog

Taal

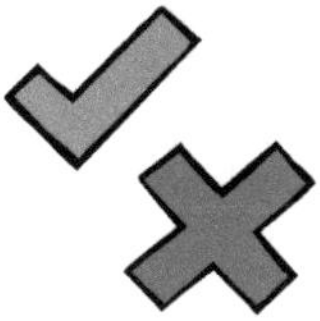

ja / nej

ja / nee

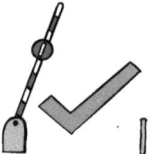

okay

oké

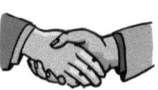

hej

hallo

oversætter

vertaler

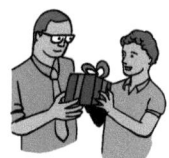

tak

bedankt

hvad koster…?

Hoeveel kost …?

Jeg forstår ikke

Ik begrijp het niet

problem

probleem

God aften!

Goedenavond!

God morgen!

Goedemorgen!

God nat!

Goedenavond!

farvel

Tot ziens

retning

richting

bagage

bagage

taske

zak

rygsæk

rugzak

gæst

gast

værelse

kamer

sovepose

slaapzak

telt

tent

turistinformation

toeristeninformatie

strand

strand

kreditkort

kredietkaart

morgenmad

ontbijt

middagsmad

lunch

aftensmad

avondeten

billet

ticket

elevator

lift

frimærke

postzegel

grænse

grens

told

douane

ambassade

ambassade

visum

visum

pas

paspoort

transport

transport

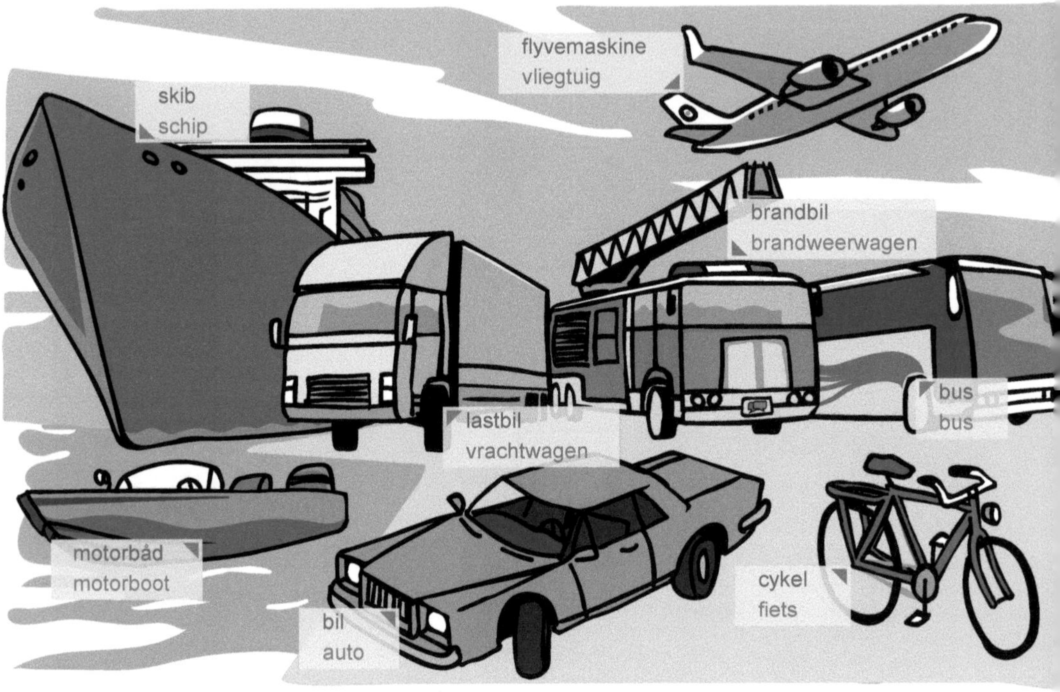
flyvemaskine
vliegtuig
skib
schip
brandbil
brandweerwagen
bus
bus
lastbil
vrachtwagen
motorbåd
motorboot
cykel
fiets
bil
auto

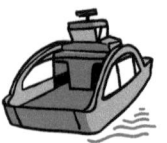

færge

veerboot

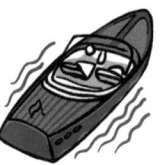

båd

boot

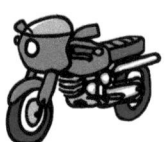

motorcykel

motor

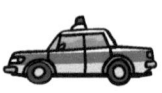

politibil

politiewagen

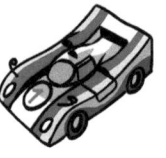

racerbil

racewagen

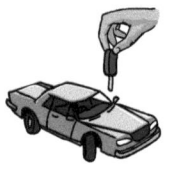

lejebil

huurauto

samkørsel

carpoolen

kranbil

sleepwagen

skraldebil

vuilniswagen

motor

motor

benzin

benzine

tankstation

benzinestation

trafikskilt

verkeersbord

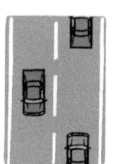

trafik

verkeer

trafikprop

file

parkeringsplads

parkeerplaats

banegård

station

skinner

sporen

tog

trein

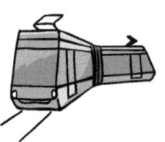

sporvogn

tram

wagon

wagon

helikopter
helikopter

lufthavn
luchthaven

tårn
toren

passager
passagier

container
container

karton
karton

kærre
kar

kurv
mand

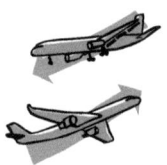

starte / lande
opstijgen / landen

by
stad

landsby
dorp

bymidte
stadscentrum

hus
huis

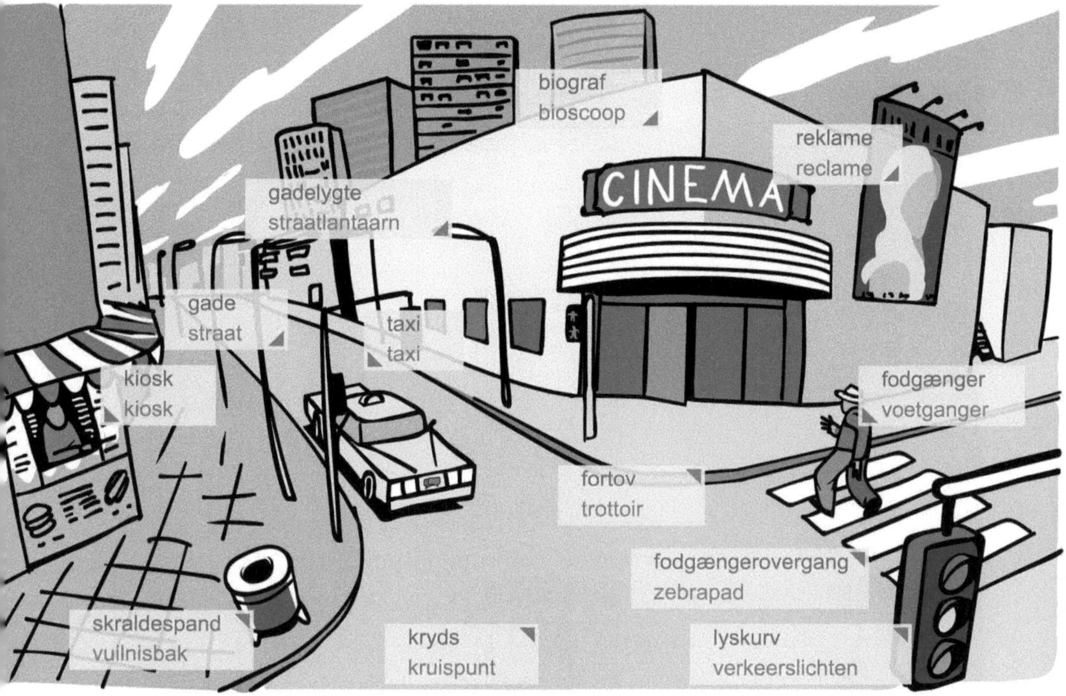

biograf
bioscoop

reklame
reclame

gadelygte
straatlantaarn

CINEMA

gade
straat

taxi
taxi

kiosk
kiosk

fodgænger
voetganger

fortov
trottoir

fodgængerovergang
zebrapad

skraldespand
vuilnisbak

kryds
kruispunt

lyskurv
verkeerslichten

hytte

hut

lejlighed

woning

banegård

station

rådhus

stadshuis

museum

museum

skole

school

universitet
universiteit

bank
bank

sygehus
ziekenhuis

hotel
hotel

apotek
apotheek

kontor
kantoor

boghandel
boekwinkel

butik
winkel

blomsterbutik
bloemenwinkel

supermarked
supermarkt

marked
markt

stormagasin
warenhuis

fiskehandler
vishandelaar

butikscenter
winkelcentrum

havn
haven

park
park

bænk
bank

bro
brug

trappe
trap

undergrundsbane
metro

tunnel
tunnel

busstoppested
bushalte

barnevogn
bar

restaurant
restaurant

postkasse
brievenbus

vejskilt
straatnaambord

parkometer
parkeermeter

zoo
zoo

badeanstalt
zwembad

moske
moskee

bondegård
boerderij

miljøforurening
milieuverontreiniging

kirkegård
kerkhof

kirke
kerk

legeplads
speelplaats

tempel
tempel

landskab
landschap

blad
blad

vejviser
wegwijzer

vej
weg

eng
weide

sten
steen

træ
boom

vandrer
wandelaar

flod
rivier

græs
gras

blomst
bloem

dal

vallei

bjerg

heuvel

sø

meer

skov

bos

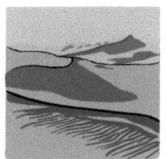

ørken

woestijn

vulkan

vulkaan

slot

kasteel

regnbue

regenboog

svamp

paddenstoel

palme

palmboom

moskito

mug

flue

vlieg

myre

mier

bi

bijl

edderkop

spin

bille

kever

frø

kikker

egern

eekhoorn

pindsvin

egel

hare

haas

ugle

uil

fugl

vogel

svane

zwaan

vildsvin

wild zwijn

hjort

hert

elg

eland

dæmning

dam

vindmølle

windturbine

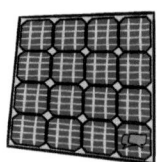

solcellemodul

zonnepaneel

klima

klimaat

restaurant
restaurant

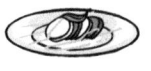

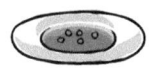

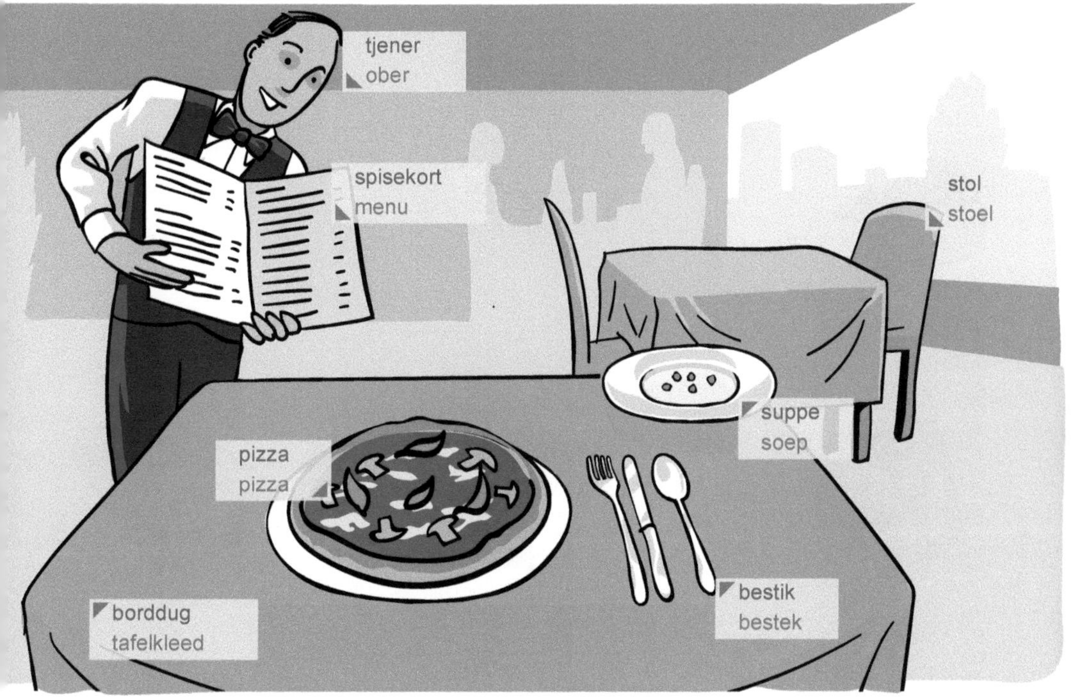
tjener
ober
spisekort
menu
stol
stoel
suppe
soep
pizza
pizza
bestik
bestek
borddug
tafelkleed

forret
voorgerecht

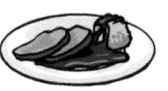

hovedret
hoofdgerecht

dessert
nagerecht

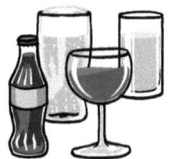

drikkevarer
drankjes

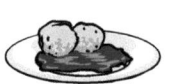

mad
eten

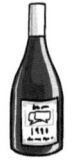

flaske
fles

fastfood

fastfood

streetfood

street food

tekande

theepot

sukkerdåse

suikerpot

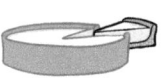

portion

portie

espressomaskine

espressomachine

barnestol

kinderstoel

faktura

rekening

tablet

dienblad

kniv

mes

gaffel

vork

ske

lepel

teske

theelepel

serviet

serviette

glas

glas

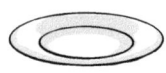

tallerken

bord

dyb tallerken

soepbord

underkop

schoteltje

sovs

saus

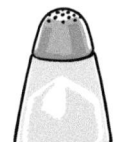

saltbøsse

zoutvatje

peberkværn

pepermolen

eddike

azijn

olie

olie

krydderier

kruiden

ketchup

ketchup

sennep

mosterd

mayonnaise

mayonaise

supermarked
supermarkt

tilbud
aanbieding
FOR
kunde
klant
mælkeprodukter
zuivelproducten
frugt
fruit
indkøbsvogn
winkelwagen

BUTCHERS

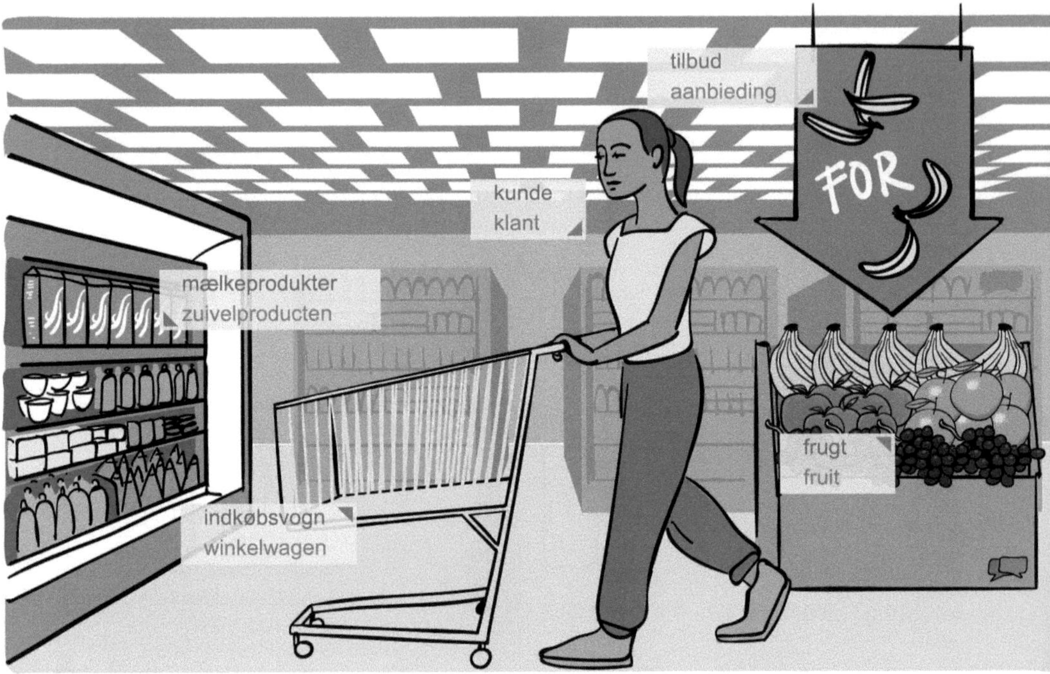

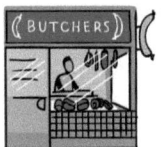

slagter

slagerij

BAKERY

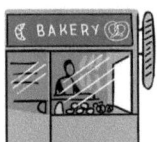

bageri

bakkerij

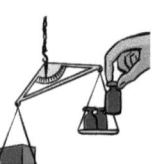

veje

wegen

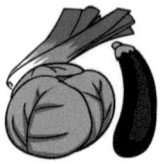

grøntsager

groenten

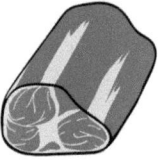

kød

vlees

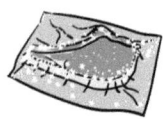

frostvarer

diepvriesvoedsel

pålæg

charcuterie

konserves

conserven

vaskemiddel

waspoeder

slik

snoep

husholdningsvarer

huishoudproducten

rengøringsmidler

schoonmaakproducten

ekspedient

verkoopster

kasse

kassa

kasserer

kassier

indkøbsliste

boodschappenlijstje

åbningstider

openingstijden

tegnebog

portefeuille

kreditkort

kredietkaart

taske

tas

plasticpose

plastieken zakje

vand

water

saft

sap

mælk

melk

cola

cola

vin

wijn

øl

bier

alkohol

alcohol

kakao

cacao

te

thee

kaffe

koffie

espresso

espresso

cappuccino

cappuccino

banan

banaan

æble

appel

appelsin

sinaasappel

melon

meloen

citron

citroen

gulerod

wortel

hvidløg

knoflook

bambus

bamboe

løg

ajuin

svamp

champignon

nødder

noten

nudler

noodles

spaghetti

spaghetti

ris

rijst

salat

salade

pomfritter

frieten

stegte kartofler

gebakken aardappelen

pizza

pizza

hamburger

hamburger

sandwich

sandwich

schnitzel

kalfslapje

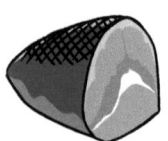

skinke

ham

salami

salami

pølse

worst

kylling

kip

steg

braden

fisk

vis

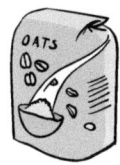

havregryn

havervlokken

mysli

muesli

cornflakes

cornflakes

mel

bloem

croissant

croissant

rundstykke

pistolet

brød

brood

toast

toast

kiks

koekjes

smør

boter

kvark

kwark

kage

taart

æg

ei

spejlæg

spiegelei

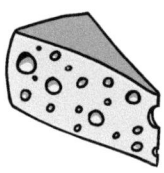

ost

kaas

is

ijs

sukker

suiker

honning

honing

marmelade

confituur

nougat-creme

choco

karry

curry

mad - eten

bondegård
boerderij

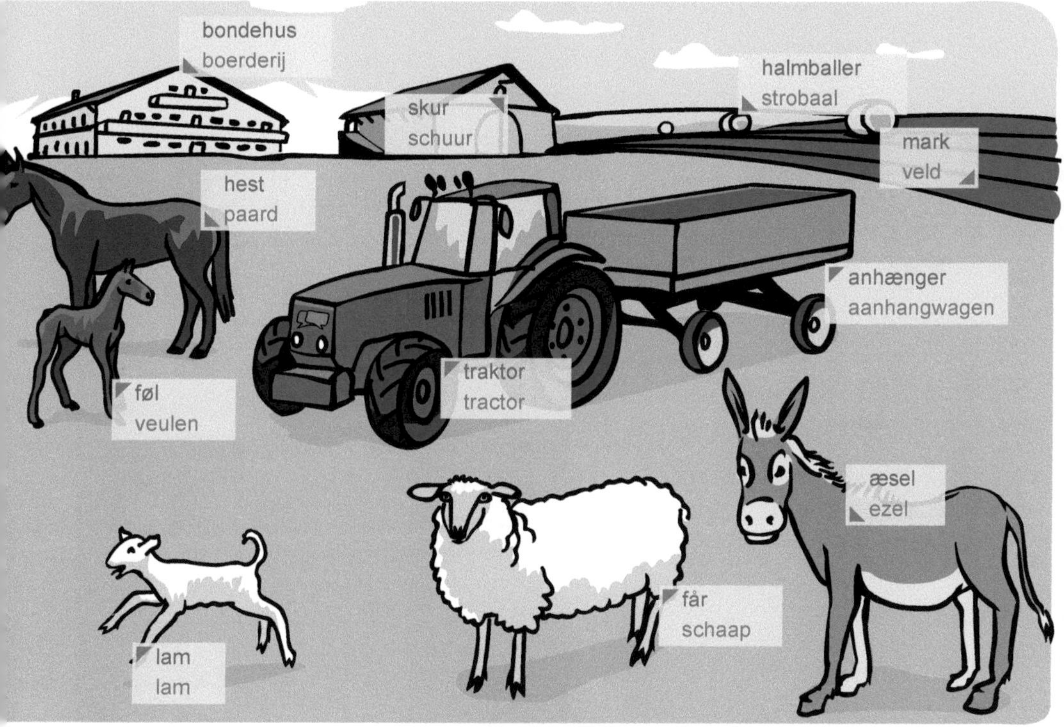

bondehus
boerderij
skur
schuur
halmballer
strobaal
mark
veld
hest
paard
anhænger
aanhangwagen
føl
veulen
traktor
tractor
æsel
ezel
lam
lam
får
schaap

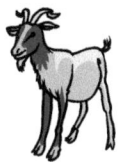

ged

geit

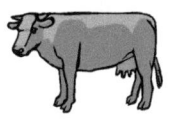

ko

koe

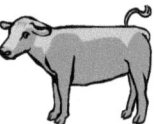

kalv

kalf

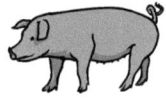

svin

varken

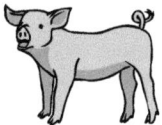

gris

biggetje

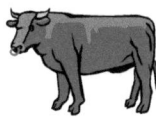

tyr

stier

gås
gans

and
eend

kylling
kuiken

høne
kip

hane
haan

rotte
rat

kat
kat

mus
muis

okse
os

hund
hond

hundehus
hondenhok

haveslange
tuinslang

vandkande
gieter

le
zeis

plov
ploeg

segl
sikkel

hakkejern
schoffel

møggreb
hooivork

økse
bijl

trillebør
kruiwagen

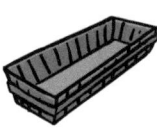

trug
trog

mælkekande
melkkan

sæk
zak

hæk
hek

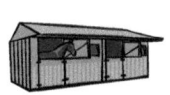

stald
stal

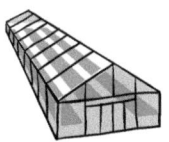

drivhus
broeikas

jord
bodem

frø
zaad

gødning
mest

mejetærsker
maaidorser

høste
oogsten

høst
oogst

yams
yam

hvede
tarwe

soja
soja

kartoffel
aardappel

majs
maïs

raps
koolzaad

frugttræ
fruitboom

maniok
maniok

korn
graan

hus
huis

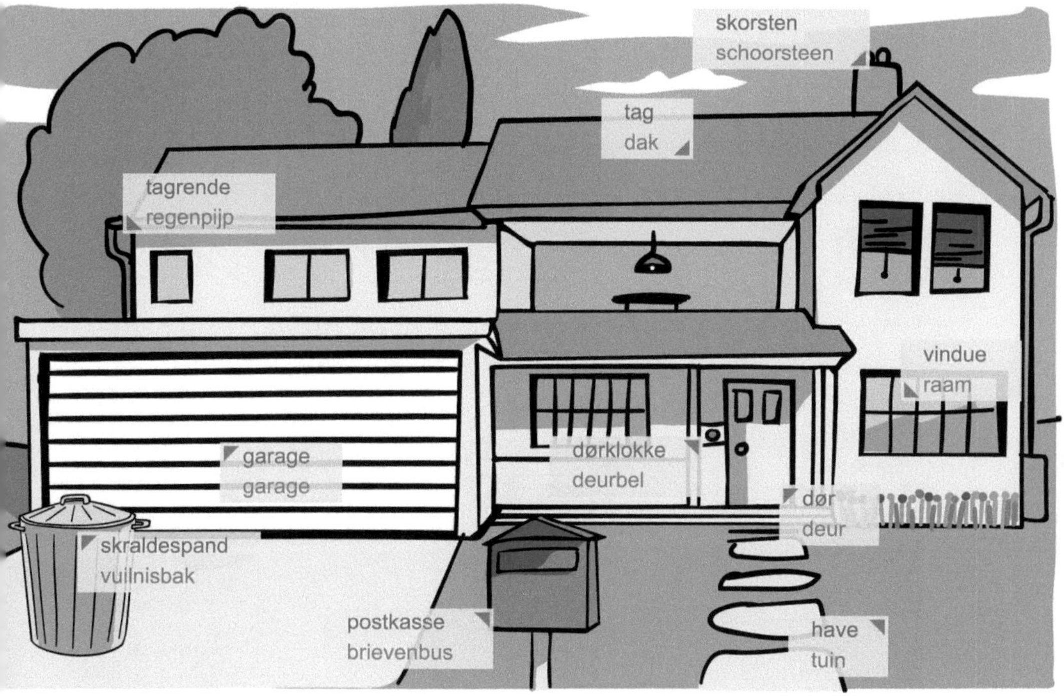
skorsten
schoorsteen
tag
dak
tagrende
regenpijp
vindue
raam
garage
garage
dørklokke
deurbel
dør
deur
skraldespand
vuilnisbak
postkasse
brievenbus
have
tuin

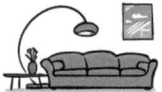

stue
woonkamer

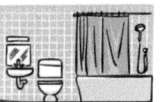

badeværelse
badkamer

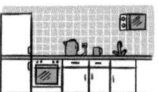

køkken
keuken

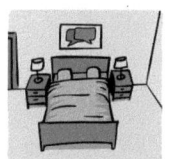

soveværelse
slaapkamer

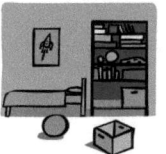

børneværelse
kinderkamer

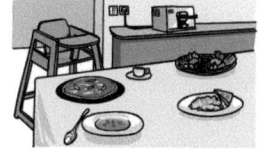

spisestue
eetkamer

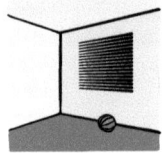

gulv
vloer

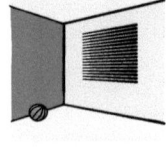

væg
muur

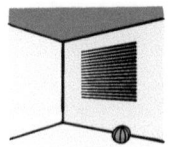

loft
plafond

kælder
kelder

sauna
sauna

altan
balkon

terrasse
terras

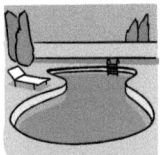

svømmehal
zwembad

plæneklipper
grasmaaier

dynebetræk
dekbedovertrek

dyne
dekbed

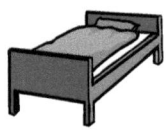

seng
bed

kost
bezem

spand
emmer

kontakt
schakelaar

stue
woonkamer

tapet
behangpapier
billede
foto
lampe
lamp
reol
schap
skab
kast
fjernsyn
televisie
pejs
open haard
blomst
bloem
pude
kussen
sofa
sofa
vase
vaas
fjernbetjening
afstandsbediening

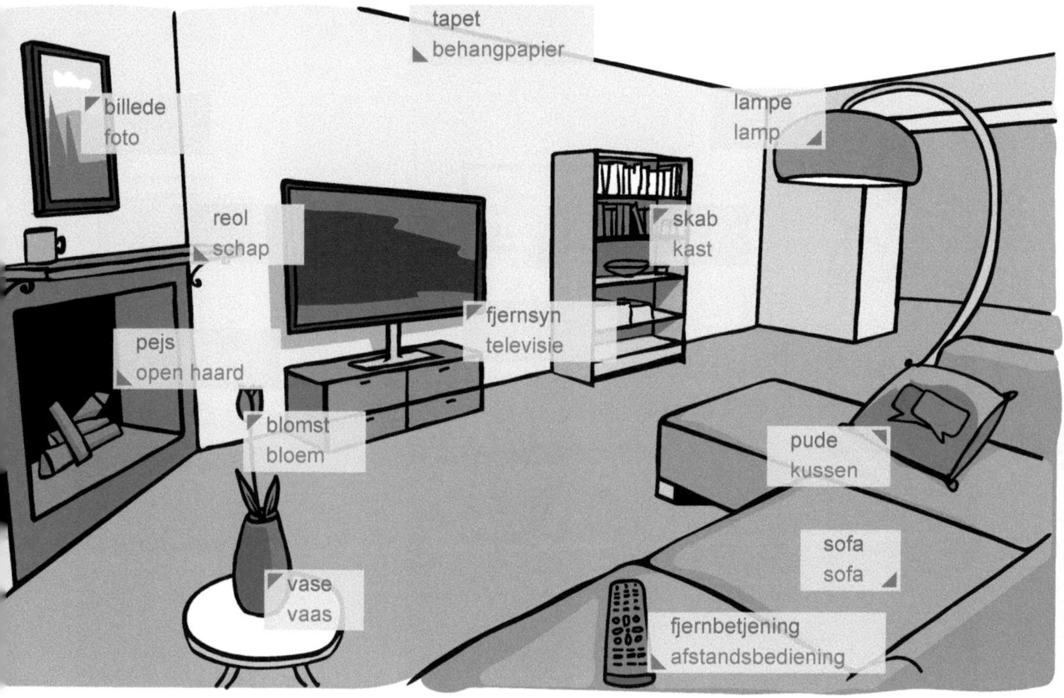

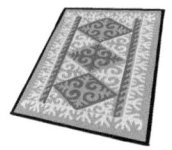

gulvtæppe

mat

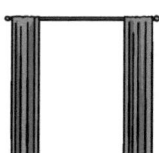

gardin

gordijn

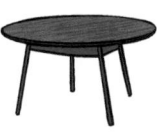

bord

tafel

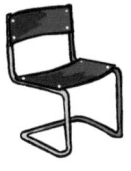

stol

stoel

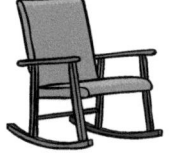

gyngestol

schommelstoel

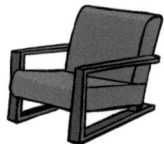

lænestol

fauteuil

bog

boek

tæppe

deken

dekoration

decoratie

brænde

brandhout

film

film

stereoanlæg

stereo-installatie

nøgle

sleutel

avis

krant

maleri

schilderij

plakat

poster

radio

radio

notesblok

notitieboekje

støvsuger

stofzuiger

kaktus

cactus

lys

kaars

stue - woonkamer

køkken
keuken

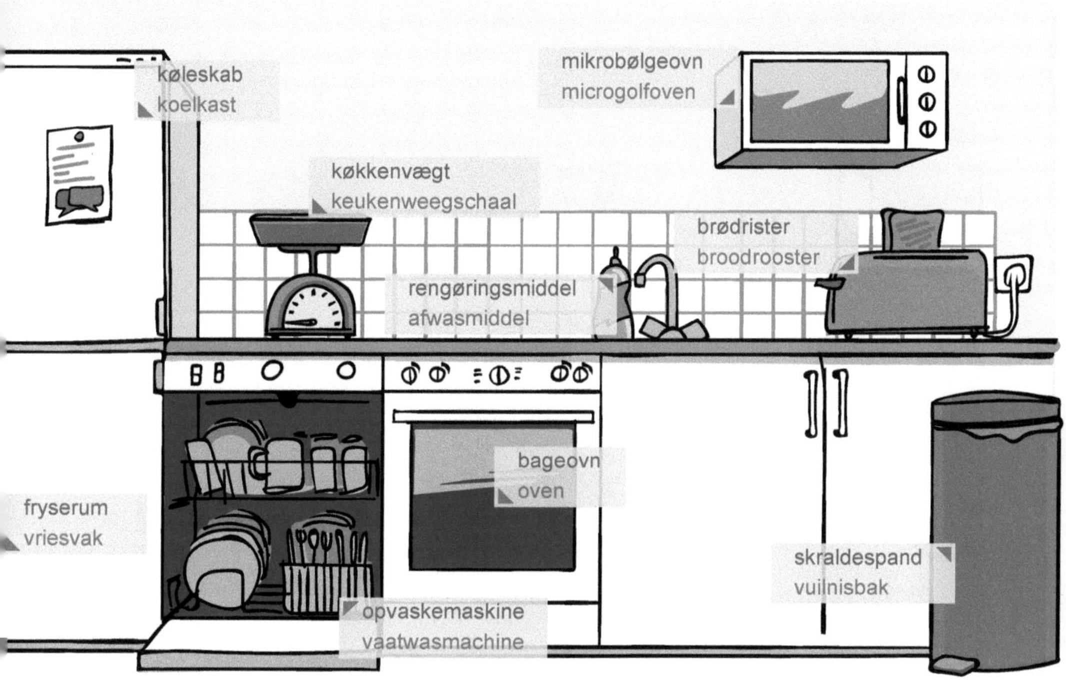
køleskab
koelkast
mikrobølgeovn
microgolfoven
køkkenvægt
keukenweegschaal
brødrister
broodrooster
rengøringsmiddel
afwasmiddel
bageovn
oven
fryserum
vriesvak
skraldespand
vuilnisbak
opvaskemaskine
vaatwasmachine

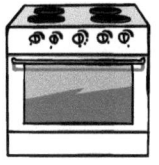

komfur

fornuis

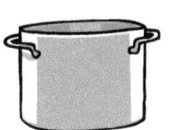

gryde

pot

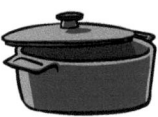

jerngryde

gietijzeren pot

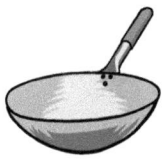

wok / kadai

wok / kadai

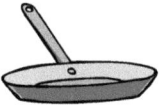

pande

pan

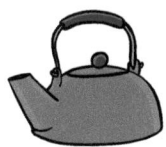

elkedel

waterkoker

dampkoger

stoomkoker

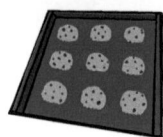

bageplade

bakplaat

service

servies

bæger

mok

skål

kom

spisepinde

eetstokjes

øseske

pollepel

paletkniv

spatel

piskeris

garde

dørslag

vergiet

si

zeef

rive

rasp

morter

mortier

grille

barbecue

ildsted

haardvuur

skærebræt

snijplank

kagerulle

deegrol

proptrækker

kurkentrekker

dåse

blik

dåseåbner

blikopener

grydelap

pannenlap

køkkenvask

gootsteen

børste

borstel

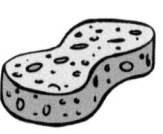

svamp

spons

blender

blender

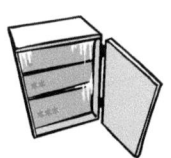

dybfryser

vriezer

sutteflaske

papfles

vandhane

kraan

badeværelse
badkamer

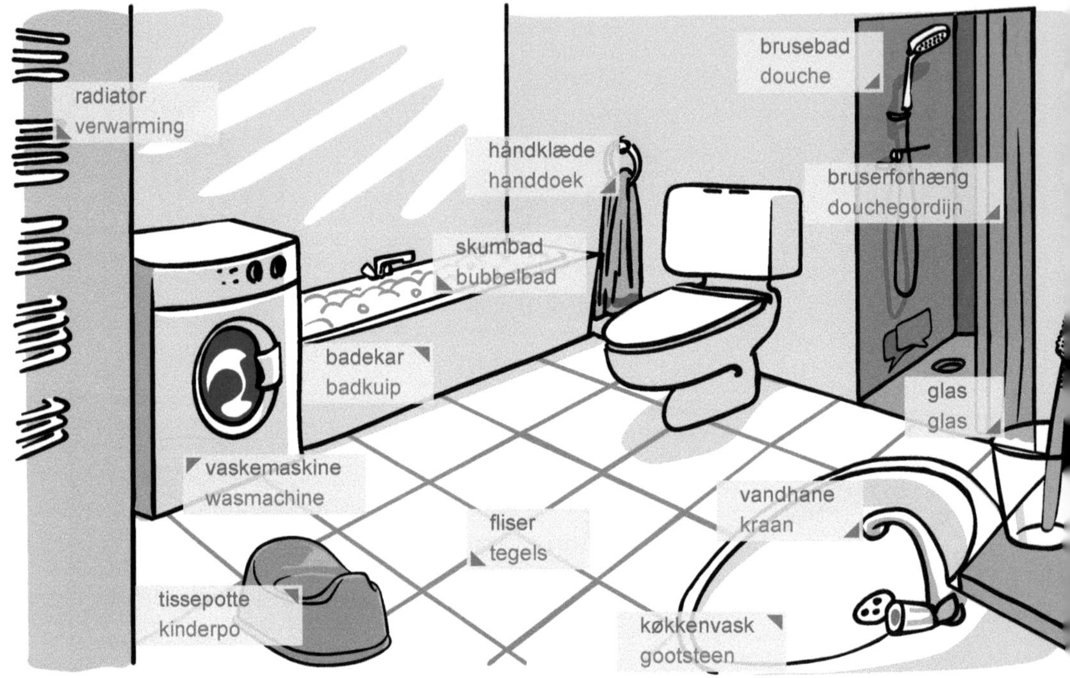

radiator
verwarming
brusebad
douche
håndklæde
handdoek
bruserforhæng
douchegordijn
skumbad
bubbelbad
badekar
badkuip
glas
glas
vaskemaskine
wasmachine
vandhane
kraan
fliser
tegels
tissepotte
kinderpo
køkkenvask
gootsteen

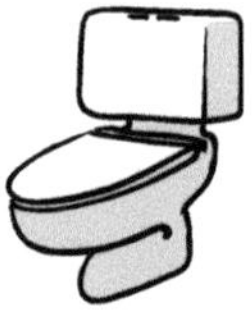

toilet

toilet

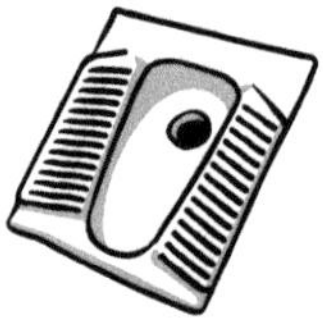

hugsiddende toilet

hurktoilet

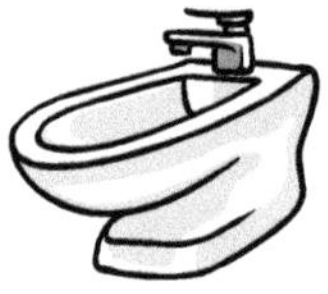

bidet

bidet

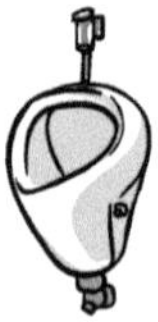

pissoir

urinoir

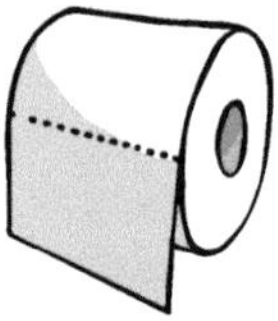

toiletpapir

toiletpapier

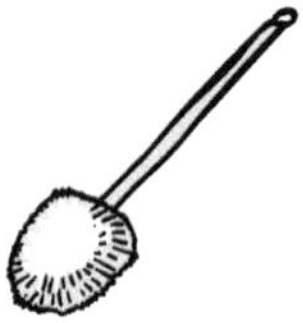

toiletbørste

toiletborstel

tandbørste

tandenborstel

tandpasta

tandpasta

tandtråd

flosdraad

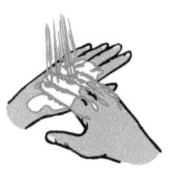

vaske

wassen

håndbruser

handdouche

intimbruser

bidethanddouche

vaskefad

waskom

badebørste

rugborstel

sæbe

zeep

brusegele

douchegel

shampoo

shampoo

vaskeklud

washandje

afløb

afvoer

creme

crème

deodorant

deodorant

spejl

spiegel

kosmetikspejl

handspiegel

barberhøvl

scheermes

barberskum

scheerschuim

barbervand

aftershave

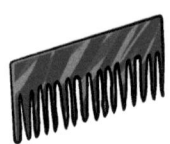

kam

kam

børste

borstel

hårtørrer

haardroger

hårspray

haarlak

makeup

make-up

læbestift

lippenstift

neglelak

nagellak

vat

watten

neglesaks

nagelknipper

parfume

parfum

toilettaske

toilettas

skammel

kruk

vægt

weegschaal

badekåbe

badjas

gummihandsker

latex handschoenen

tampon

tampon

damebind

maandverband

kemisk toilet

chemisch toilet

børneværelse
kinderkamer

vækkeur
wekker
bamse
knuffel
legetøjsbil
speelgoedauto
skralde
rammelaar
dukkehus
poppenhuis
gave
geschenk

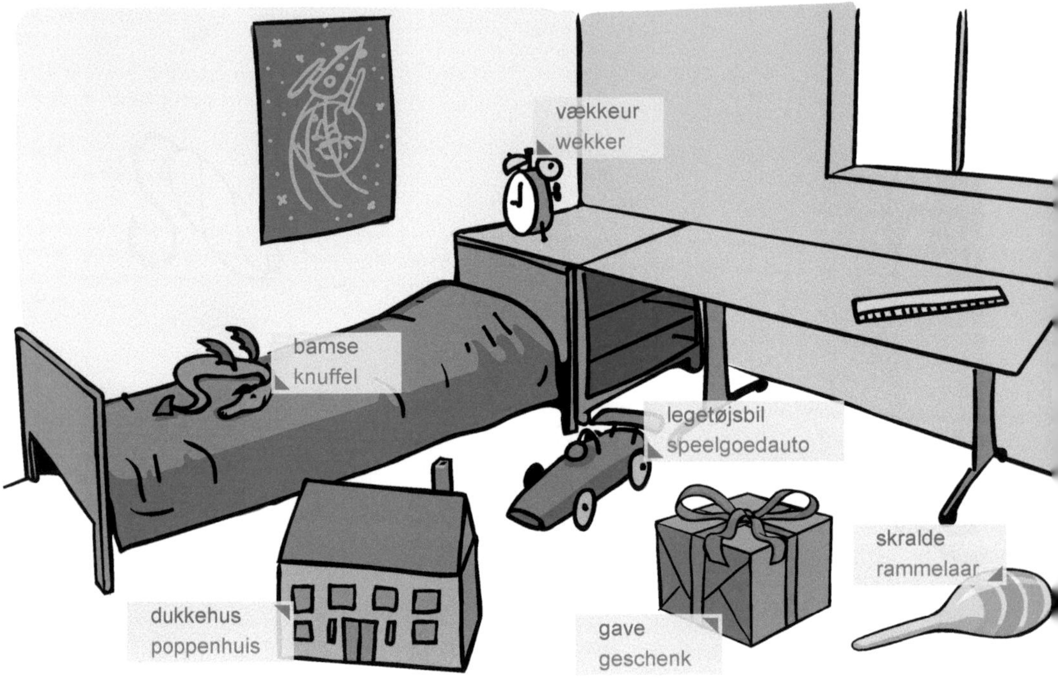

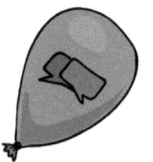

ballon

ballon

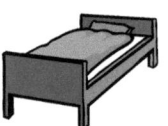

seng

bed

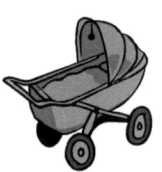

barnevogn

kinderwagen

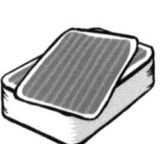

kortspil

spel kaarten

puslespil

puzzel

SUPER
MEGA

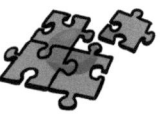

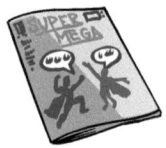

tegneserie

stripboek

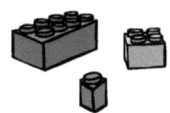

legoklodser

legoblokjes

byggeklodser

blokken

action figur

actiefiguur

sparkedragt

kruippakje

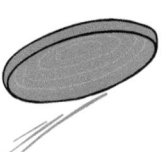

frisbee

frisbee

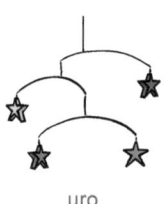

uro

mobiel

brætspil

bordspel

terning

dobbelsteen

modeljernbane

modelspoorweg

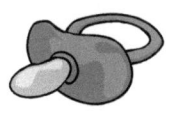

sut

fopspeen

fest

feest

billedbog

prentenboek

bold

bal

dukke

pop

lege

spelen

sandkasse

zandbak

gynge

schommel

legetøj

speelgoed

spillekonsol

spelconsole

trehjulet cykel

driewieler

bamse

knuffelbeer

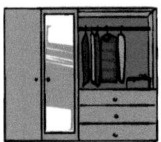

klædeskab

kleerkast

tøj
kleding

sokker

sokken

strømper

kousen

strømpebukser

maillot

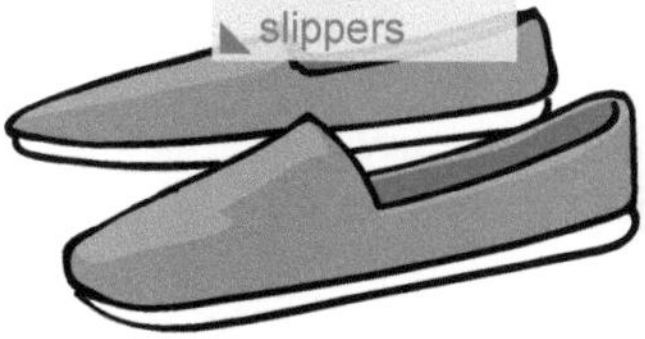

sjal
sjaal

paraply
paraplu

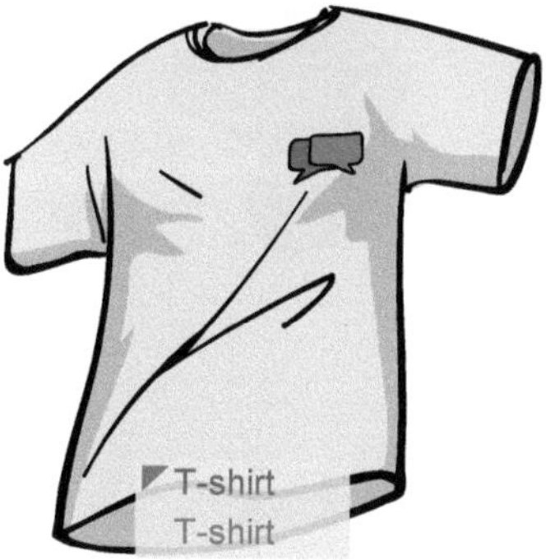

T-shirt
T-shirt

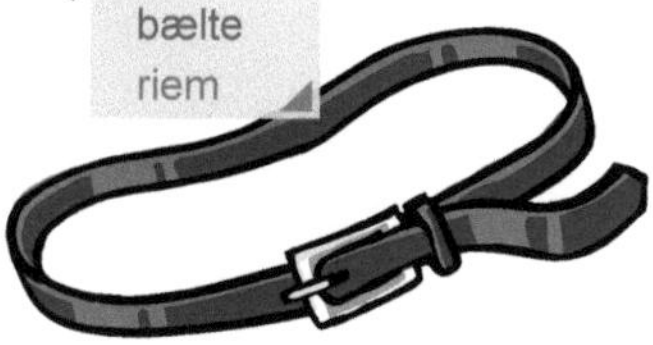

bælte
riem

støvler
laarzen

hjemmesko
slippers

sneakers
sneakers

sandaler	sko	gummistøvler
sandalen	schoenen	rubberlaarzen

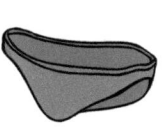

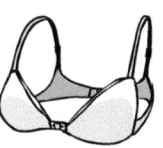

underbukser	BH	undertrøje
onderbroek	beha	onderhemd

body

lichaam

bukser

broek

jeans

jeans

nederdel

rok

bluse

blouse

skjorte

hemd

pullover

trui

sweatshirt

capuchontrui

blazer

blazer

jakke

jas

frakke

jas

regnfrakke

regenjas

kostume

kostuum

kjole

jurk

brudekjole

trouwjurk

jakkesæt

pak

nattrøje

nachthemd

pyjamas

pyjama

sari

sari

hovedtørklæde

hoofddoek

turban

tulband

burka

boerka

kaftan

kaftan

abaya

abaya

badedragt

badpak

badebukser

zwembroek

korte bukser

short

træningsdragt

trainingspak

forklæde

schort

handsker

handschoenen

knap

knoop

briller

bril

armbånd

armband

kæde

ketting

ring

ring

ørering

oorbel

hue

pet

bøjle

kapstok

hat

hoed

slips

das

lynlås

rits

hjelm

helm

seler

bretellen

skoleuniform

schooluniform

uniform

uniform

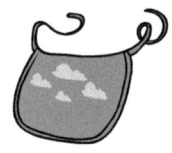

hagesmæk

slabbetje

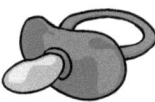

sut

fopspeen

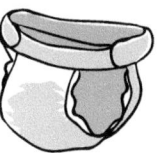

ble

luier

kontor
kantoor

server
server
arkivskab
dossierkast
printer
printer
papir
papier
skærm
monitor
mus
muis
skrivebord
bureau
mappe
map
tastatur
toestenbord
papirkurv
papiermand
computer
computer
stol
stoel

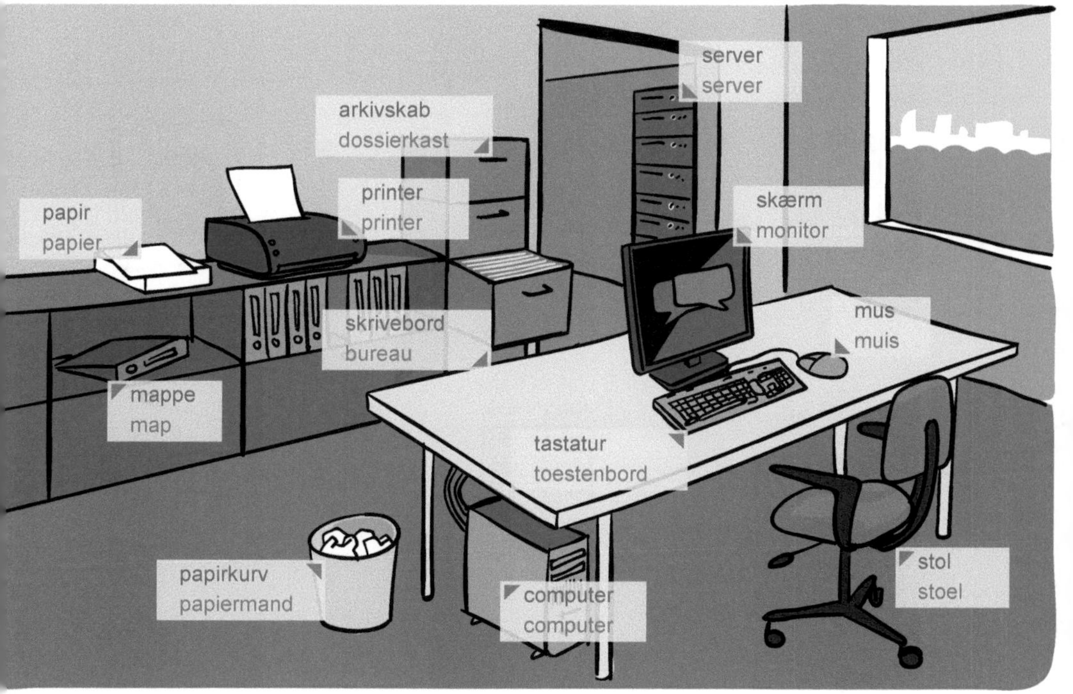

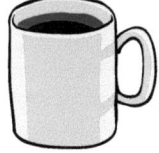

kaffekrus

koffiemok

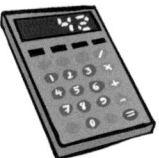

lommeregner

rekenmachine

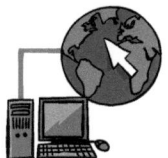

internet

internet

bærbar

laptop

brev

brief

besked

bericht

mobil

gsm

netværk

netwerk

kopimaskine

kopieerapparaat

software

software

telefon

telefoon

stikdåse

stopcontact

fax

fax

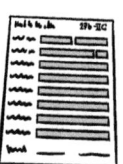

formular

formulier

dokument

document

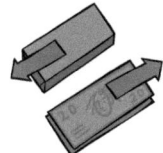

købe
kopen

betale
betalen

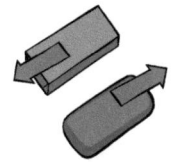

handle
handelen

penge
geld

USD

dollar
dollar

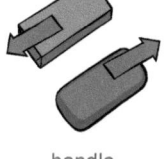
EUR

euro
euro

JPY

yen
yen

RUB

rubel
roebel

CHF

schweizerfranc
Zwitserse frank

CNY

renminbi yuan
Chinese renminbi

INR

rupee
roepie

hæveautomat
geldautomaat

vekselkontor

wisselkantoor

guld

goud

sølv

zilver

olie

olie

energi

energie

pris

prijs

kontrakt

contract

skat

belasting

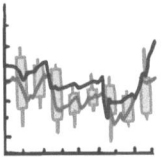

aktie

aandeel

arbejde

werken

ansat

werknemer

arbejdsgiver

werkgever

fabrik

fabriek

butik

winkel

erhverv
beroepen

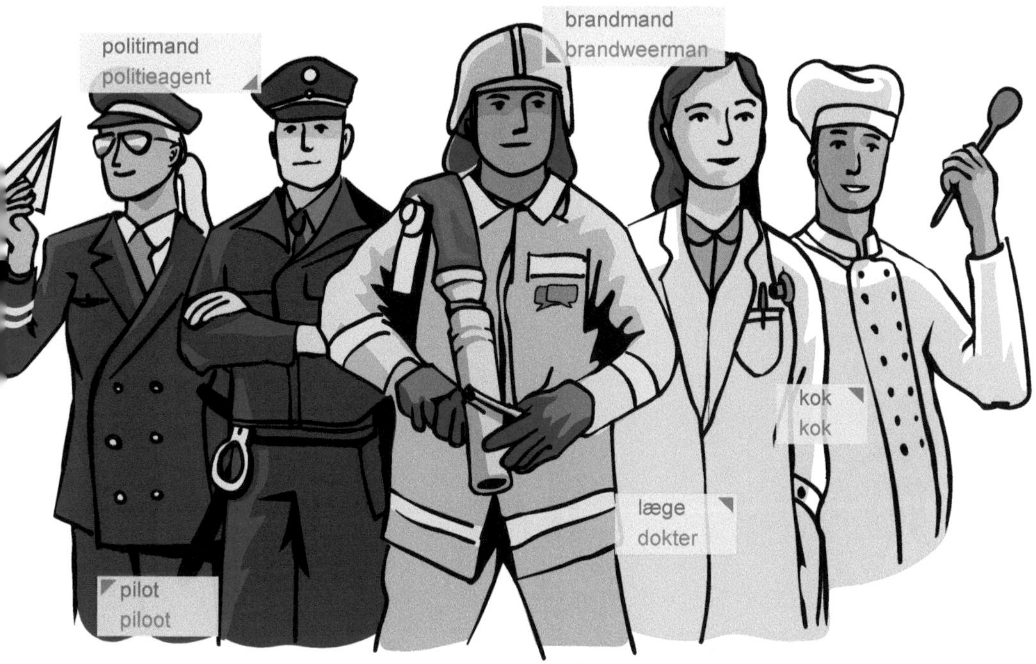
politimand
politieagent
brandmand
brandweerman
kok
kok
læge
dokter
pilot
piloot

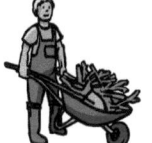

gartner

tuinman

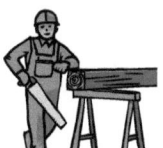

tømrer

timmerman

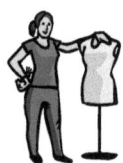

syerske

naaister

dommer

rechter

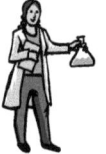

kemiker

chemicus

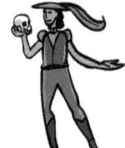

skuespiller

acteur

buschauffør
buschauffeur

taxachauffør
taxichauffeur

fisker
visser

rengøringskone
schoonmaakster

tagdækker
dakdekker

tjener
ober

jæger
jager

maler
schilder

bager
bakker

elektriker
elektricien

bygningsarbejder
bouwvakker

ingeniør
ingenieur

slagter
slager

vvs-mand
loodgieter

postbud
postbode

soldat

soldaat

arkitekt

architect

kasserer

kassier

blomsterhandler

bloemist

frisør

kapper

togfører

conducteur

mekaniker

mecanicien

kaptajn

kapitein

tandlæge

tandarts

videnskabsmand

wetenschapper

rabbiner

rabbijn

imam

imam

munk

monnik

præst

geestelijke

værktøj

werktuigen

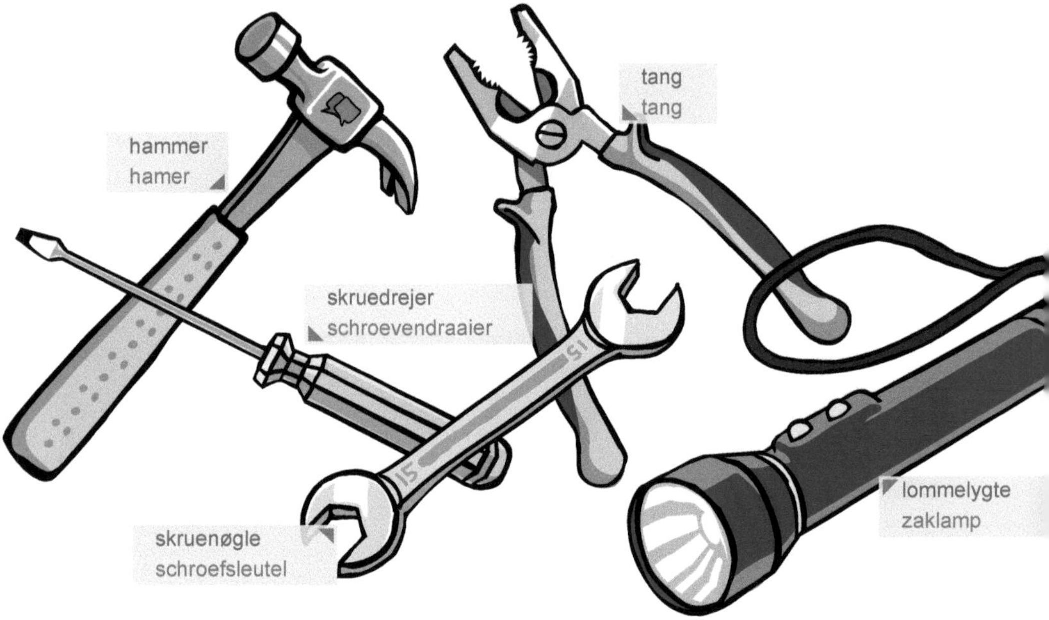

tang
tang
hammer
hamer
skruedrejer
schroevendraaier
skruenøgle
schroefsleutel
lommelygte
zaklamp

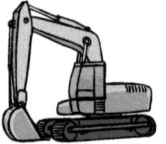

gravemaskine

graafmachine

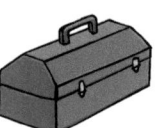

værktøjskasse

gereedschapskoffer

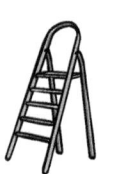

stige

ladder

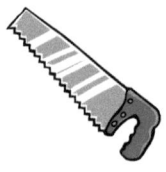

sav

zaag

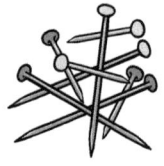

søm

spijkers

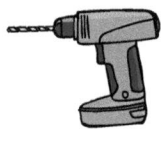

bor

boormachine

reparere
·················
repareren

skovl
·················
schop

Lort!
·················
Verdomme!

fejebakke
·················
blik

malerspand
·················
verfpot

skruer
·················
schroeven

musikinstrumenter
muziekinstrumenten

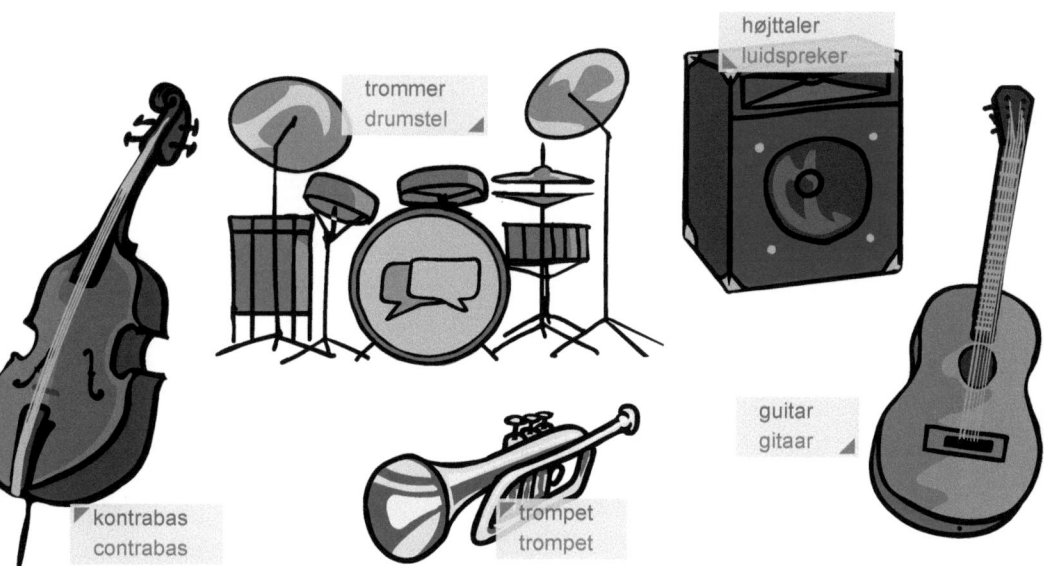

trommer
drumstel

højttaler
luidspreker

guitar
gitaar

kontrabas
contrabas

trompet
trompet

klaver

piano

violin

viool

bas

basgitaar

pauke

pauk

tromme

trommels

keyboard

keyboard

saxofon

saxofoon

fløjte

fluit

mikrofon

microfoon

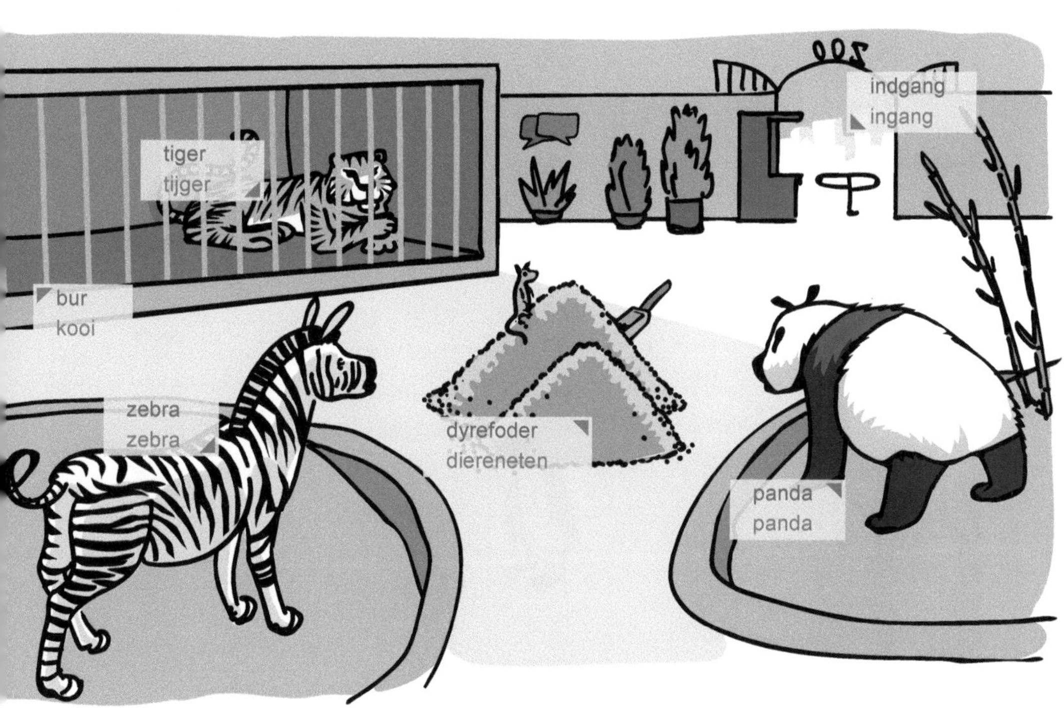

indgang
ingang

tiger
tijger

bur
kooi

zebra
zebra

dyrefoder
diereneten

panda
panda

dyr
dieren

elefant
olifant

kænguru
kangoeroe

næsehorn
neushoorn

gorilla
gorilla

bjørn
beer

kamel

kameel

struds

struisvogel

løve

leeuw

abe

aap

flamingo

flamingo

papegøje

papegaai

isbjørn

ijsbeer

pingvin

pinguïn

haj

haai

påfugl

pauw

slange

slang

krokodille

krokodil

dyrepasser

dierenverzorger

sæl

zeehond

jaguar

jaguar

pony
pony

leopard
luipaard

flodhest
nijlpaard

giraf
giraffe

ørn
adelaar

vildsvin
wild zwijn

fisk
vis

skildpadde
zeeschildpad

hvalros
walrus

ræv
vos

gazelle
gazelle

amerikansk football
rugby

cykling
wielrennen

tennis
tennis

basketball
basketbal

svømning
zwemmen

boksning
boksen

ishockey
ijshockey

fodbold

voetbal

badminton

badminton

atletik

atletiek

håndbold

handbal

skiløb

skiën

polo

polo

aktiviteter
activiteiten

springe
springen
give et knus
knuffelen
grine
lachen
gå
wandelen
synge
zingen
drømme
dromen
bede
bidden
kysse
kussen

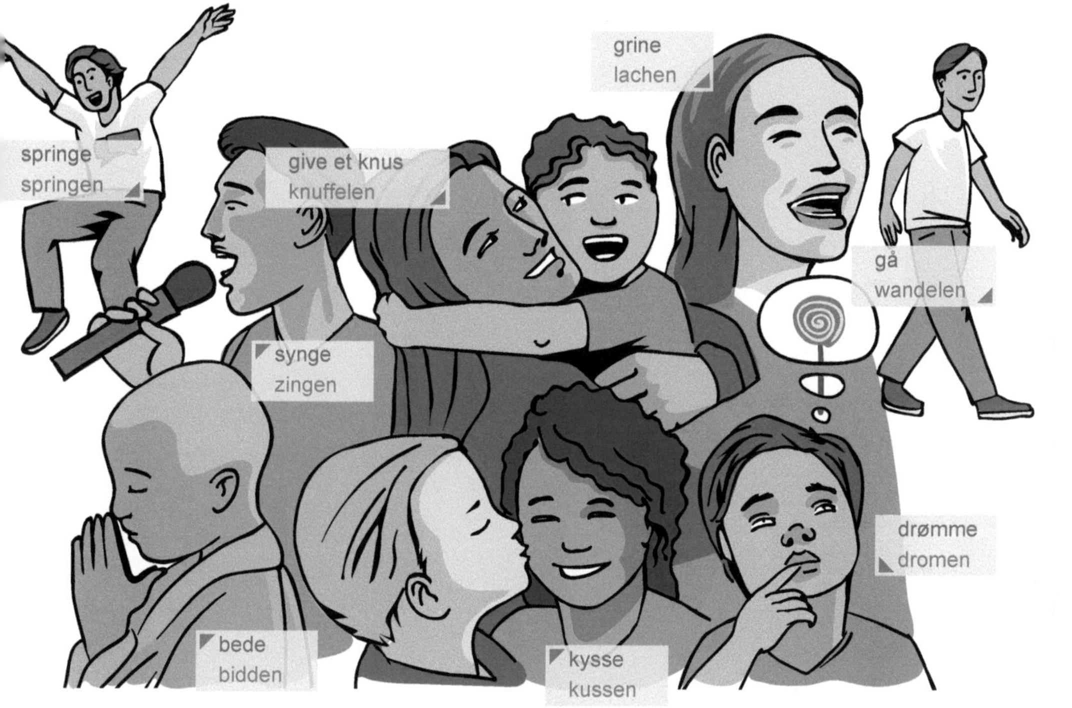

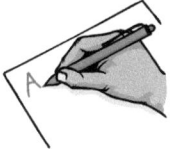

skrive

schrijven

tegne

tekenen

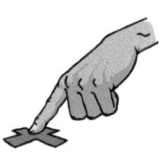

vise

tonen

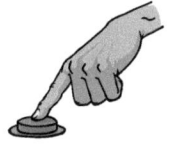

skubbe

duwen

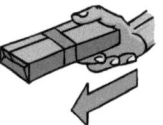

give

geven

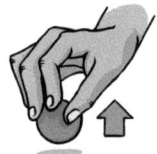

tage

nemen

have
hebben

gøre
doen

være
zijn

stå
staan

løbe
lopen

trække
trekken

kaste
gooien

falde
vallen

ligge
liggen

vente
wachten

bære
dragen

sidde
zitten

tage på
aankleden

sove
slapen

vågne
ontwaken

se på

kijken naar

græde

wenen

ae

aaien

kæmme

kammen

tale

praten

forstå

begrijpen

spørge

vragen

høre

luisteren

drikke

drinken

spise

eten

rydde op

opruimen

elske

houden van

koge

koken

køre

rijden

flyve

vliegen

sejle

zeilen

regne

rekenen

læse

Lezen

lære

leren

arbejde

werken

gifte sig med

trouwen

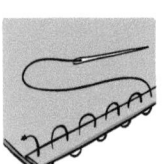

sy

naaien

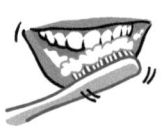

børste tænder

tandenpoetsen

dræbe

doden

ryge

roken

sende

sturen

familie
familie

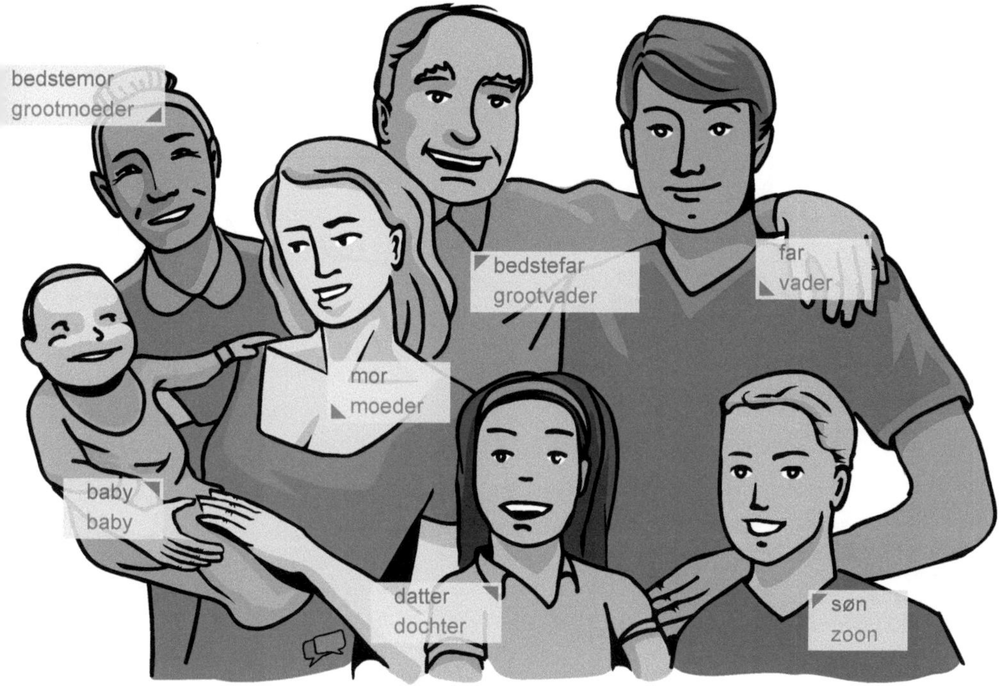

bedstemor
grootmoeder
bedstefar
grootvader
far
vader
mor
moeder
baby
baby
datter
dochter
søn
zoon

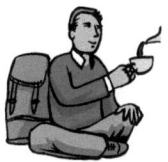

gæst

gast

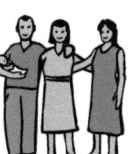

tante

tante

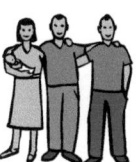

onkel

oom

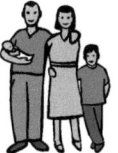

bror

broer

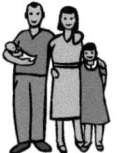

søster

zus

krop
lichaam

pande
voorhoofd
øje
oog
skulder
schouder
finger
vinger
ansigt
gezicht
hage
kin
hånd
hand
ben
been
bryst
borst
arm
arm

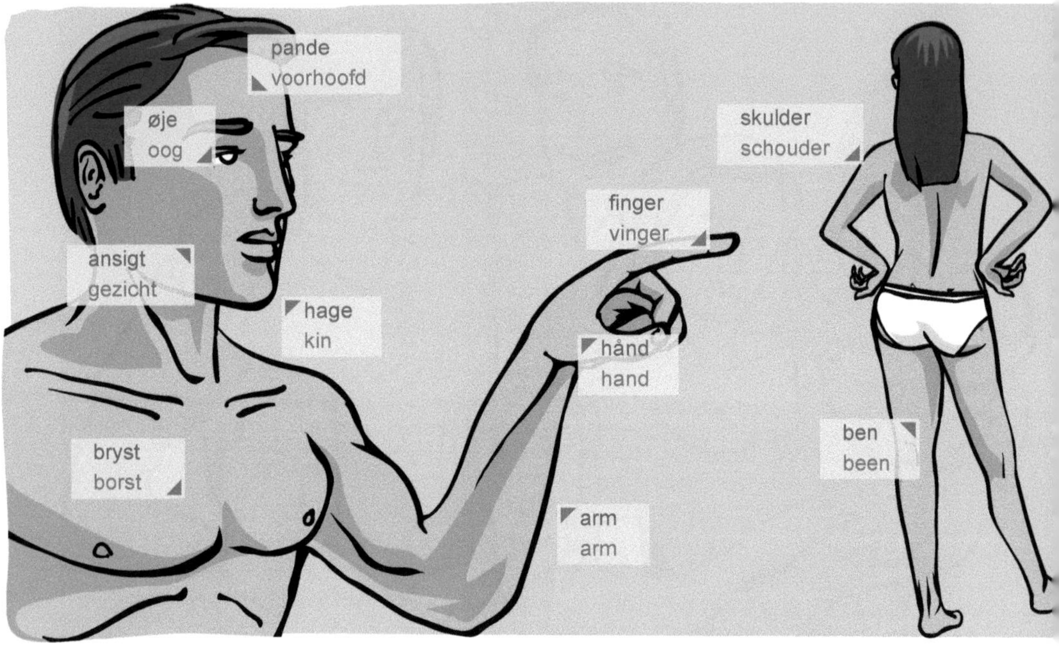

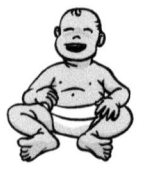

baby
baby

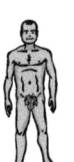

mand
man

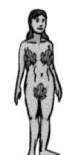

kvinde
vrouw

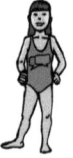

pige
meisje

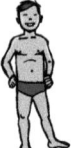

dreng
jongen

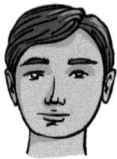

hoved
hoofd

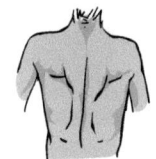

ryg
rug

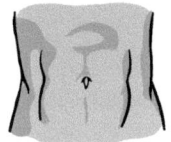

mave
buik

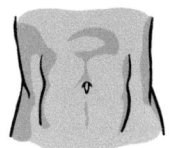

navle
navel

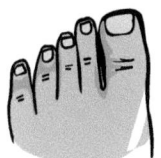

tå
teen

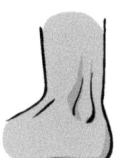

hæl
hiel

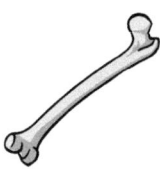

knogle
bot

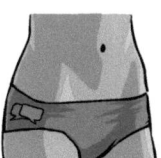

hofte
heup

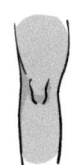

knæ
knie

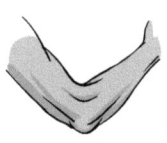

albue
elleboog

næse
neus

bagdel
zitvlak

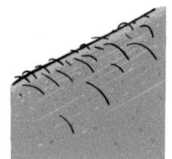

hud
huid

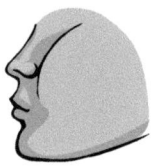

kind
wang

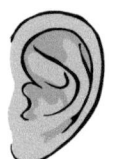

øre
oor

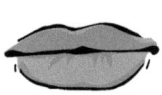

læbe
lip

mund

mond

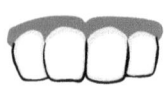

tand

tand

tunge

tong

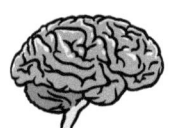

hjerne

hersenen

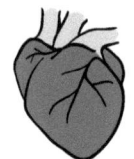

hjerte

hart

muskel

spier

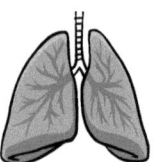

lunge

long

lever

lever

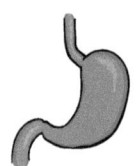

mavesæk

maag

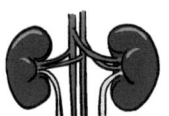

nyrer

nieren

sex

seks

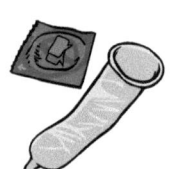

kondom

condoom

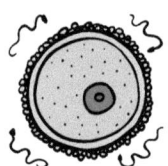

ægcelle

eicel

sperm

sperma

svangerskab

zwangerschap

krop - lichaam

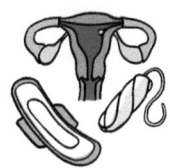

menstruation
menstruatie

vagina
vagina

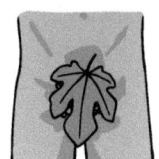

penis
penis

øjenbryn
wenkbrauw

hår
haar

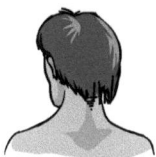

hals
nek

sygehus
ziekenhuis

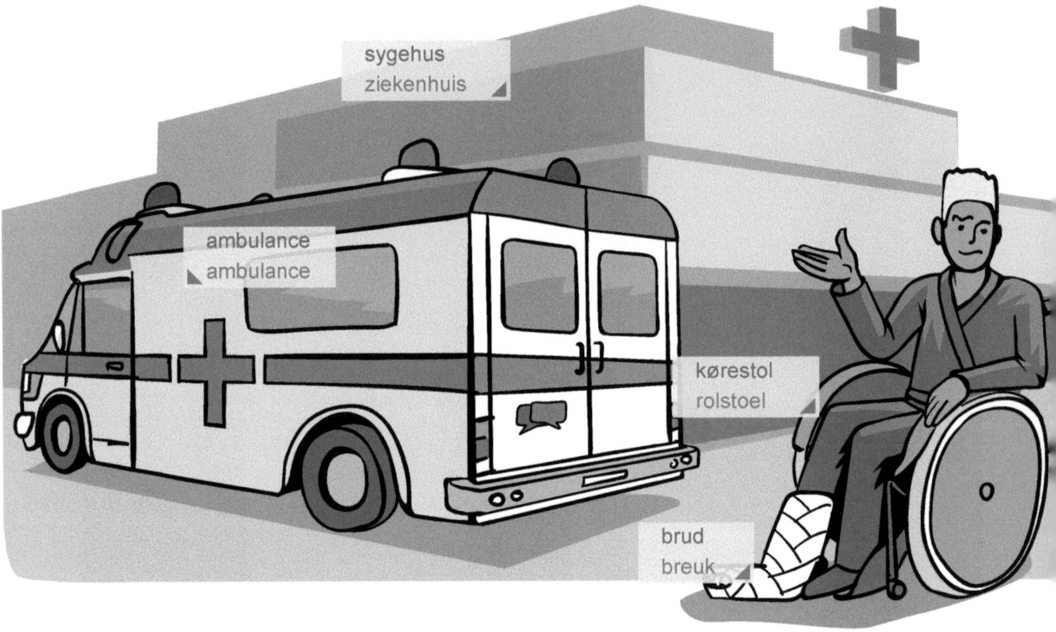

sygehus
ziekenhuis
ambulance
ambulance
kørestol
rolstoel
brud
breuk

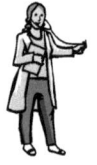

læge

dokter

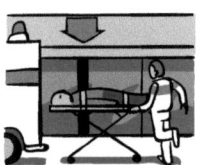

akutmodtagelse

spoed

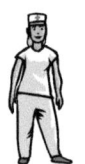

sygeplejerske

verpleegkundige

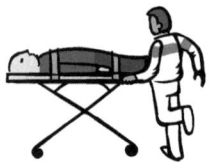

nødstilfælde

noodgeval

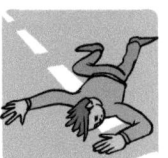

bevidstløs

bewusteloos

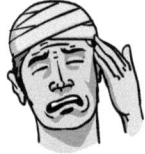

smerte

pijn

skade

verwonding

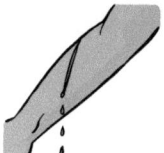

blødning

bloeding

hjerteinfarkt

hartaanval

slagtilfælde

beroerte

allergi

allergie

hoste

hoest

feber

koorts

influenza

griep

diarré

diarree

hovedpine

hoofdpijn

kræft

kanker

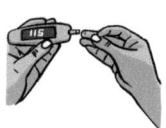

diabetes

diabetes

kirurg

chirurg

skalpel

scalpel

operation

operatie

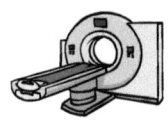

CT
CT

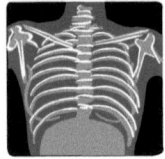

røntgen
röntgenstraal

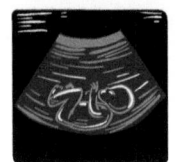

ultralyd
ultrageluid

maske
gezichtsmasker

sygdom
ziekte

venteværelse
wachtkamer

krykke
kruk

plaster
pleister

forbinding
verband

injektion
injectie

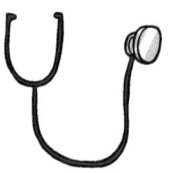

stetoskop
stethoscoop

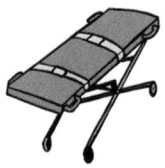

båre
brancard

termometer
thermometer

fødsel
geboorte

overvægt
overgewicht

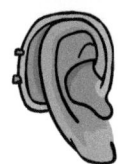

høreapparat

hoorapparaat

desinficerende middel

ontsmettingsmiddel

infektion

infectie

virus

virus

HIV / AIDS

HIV / AIDS

medicin

medicijn

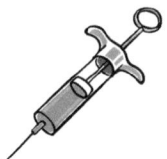

vaccination

vaccinatie

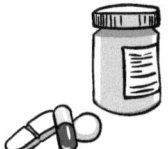

tabletter

tabletten

pille

pil

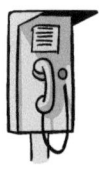

nødopkald

noodoproep

blodtryksmåler

bloeddrukmeter

syg / rask

ziek / gezond

nødstilfælde

noodgeval

Hjælp!

Help!

alarm

alarm

overfald

overval

angreb

aanval

fare

gevaar

nødudgang

nooduitgang

Det brænder!

Brand!

ildslukker

brandblusser

uheld

ongeval

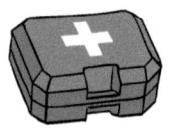

førstehjælps-kuffert

EHBO-kit

SOS

SOS

politi

politie

Europa

Europa

Nordamerika

Noord-Amerika

Sydamerika

Zuid-Amerika

Afrika

Afrika

Asien

Azië

Australien

Australië

Atlanterhavet

Atlantische Oceaan

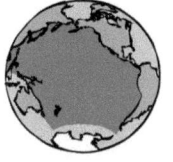

Stillehavet

Stille Oceaan

Indiske Ocean

Indische Oceaan

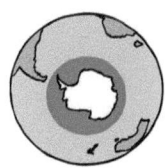

Sydlige Ishav

Antarctische Oceaan

Ishav

Arctische Oceaan

Nordpol

Noordpool

Sydpol

Zuidpool

Antarktis

Antarctica

Jorden

aarde

land

land

hav

zee

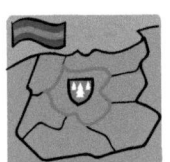

ø

eiland

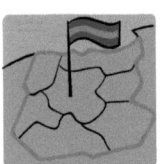

nation

natie

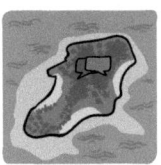

stat

staat

urskive

wijzerplaat

timeviser

uurwijzer

minutviser

minuutwijzer

sekundviser

secondewijzer

Hvad er klokken?

Hoe laat is het?

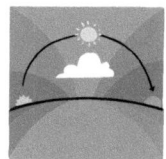

dag

dag

tid

tijd

nu

nu

digitalur

digitale horloge

minut

minuut

time

uur

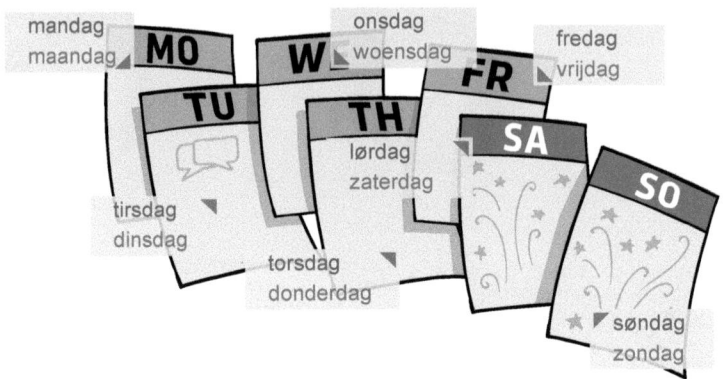

mandag
maandag
onsdag
woensdag
fredag
vrijdag
tirsdag
dinsdag
lørdag
zaterdag
torsdag
donderdag
søndag
zondag

i går
gisteren

i dag
vandaag

i morgen
morgen

morgen
ochtend

middag
middag

aften
avond

MO	TU	WE	TH	FR	SA	SU
1	2	3	4	5	6	7
8	9	10	11	12	13	14
15	16	17	18	19	20	21
22	23	24	25	26	27	28
29	30	31	1	2	3	4

arbejdsdage
werkdagen

MO	TU	WE	TH	FR	SA	SU
1	2	3	4	5	6	7
8	9	10	11	12	13	14
15	16	17	18	19	20	21
22	23	24	25	26	27	28
29	30	31	1	2	3	4

weekend
weekend

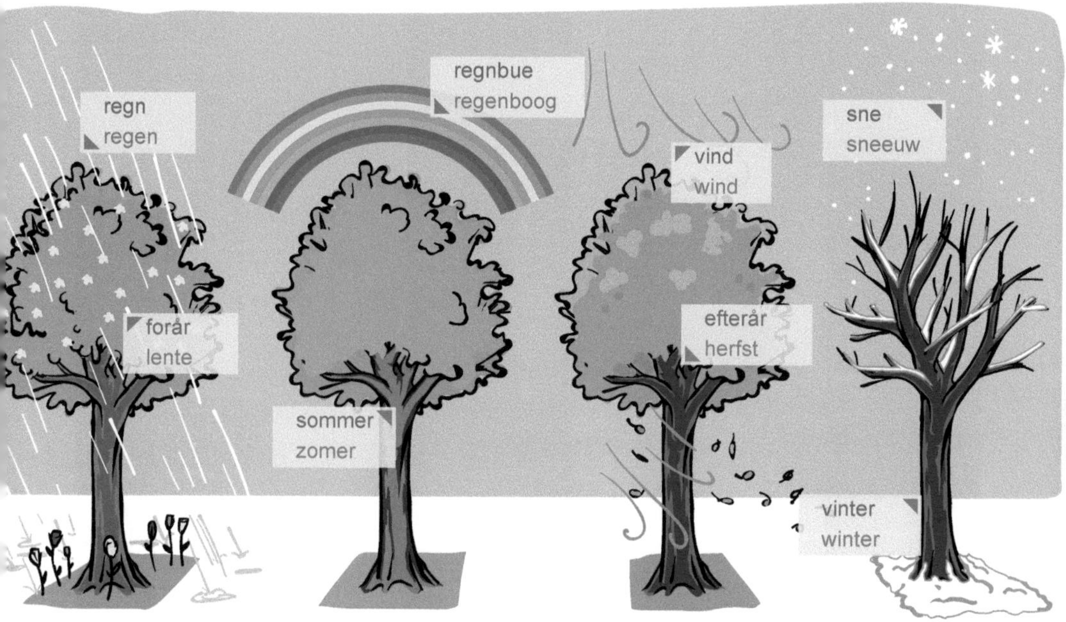

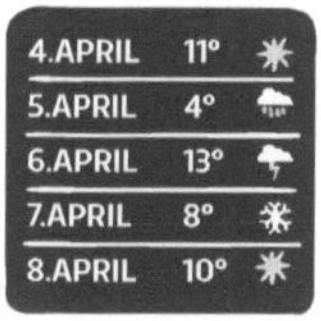

regn
regen
regnbue
regenboog
vind
wind
sne
sneeuw
forår
lente
sommer
zomer
efterår
herfst
vinter
winter

4.APRIL 11°
5.APRIL 4°
6.APRIL 13°
7.APRIL 8°
8.APRIL 10°

vejrudsigt

weervoorspelling

F
C
120
90
60
30
0
-30
40
30
20
10
0
-10
-20

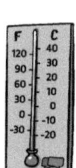

termometer

thermometer

solskin

zonneschijn

sky

wolk

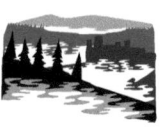

tåge

mist

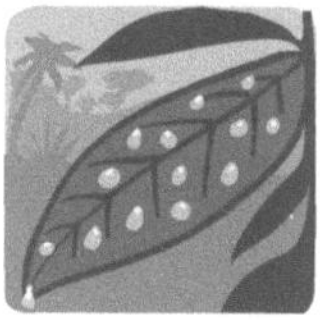

luftfugtighed

vochtigheid

lyn

bliksem

torden

donder

storm

storm

hagl

hagel

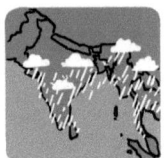

monsun

moesson

flod

overstroming

is

ijs

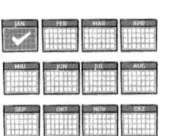

januar

januari

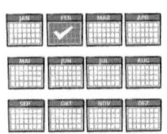

februar

februari

marts

maart

april

april

maj

mei

juni

juni

juli

juli

august

augustus

september
september

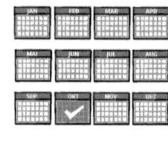

oktober
oktober

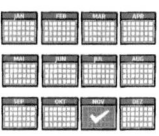

november
november

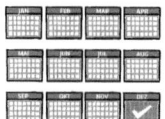

december
december

former
vormen

cirkel
cirkel

kvadrat
kwadraat

firkant
rechthoek

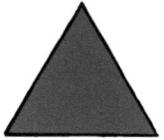

trekant
driehoek

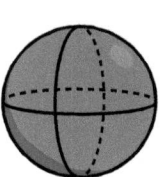

kugle
bol

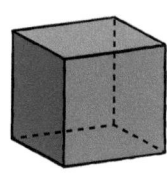

terning
kubus

hvid
wit

gul
geel

orange
oranje

pink
roze

rød
rood

lilla
paars

blå
blauw

grøn
groen

brun
bruin

grå
grijs

sort
zwart

meget / lidt

veel / weinig

rasende / fredelig

boos / kalm

smuk / grim

mooi / lelijk

begyndelse / slut

begin / einde

stor / lille

groot / klein

lys / mørk

licht / donker

bror / søster

broer / zus

ren / snavset

proper / vuil

fuldkommen / ufuldkommen

volledig / onvolledig

dag / nat

dag / nacht

død / levende

dood / levend

bred / smal

breed / smal

spiselig / uspiselig

eetbaar / oneetbaar

vred / venlig

kwaadaardig / vriendelijk

ophidset / kedet

opgewonden / verveeld

tyk / tynd

dik / dun

først / sidst

eerst / laatst

ven / fjende

vriend / vijand

fuld / tom

vol / leeg

hård / blød

hard / zacht

tung / let

zwaar / licht

sult / tørst

honger / dorst

syg / rask

ziek / gezond

illegal / legal

illegaal / legaal

intelligent / dum

intelligent / dom

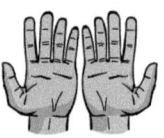

venstre / højre

links / rechts

nær / fjern

dichtbij / veraf

ny / brugt

nieuw / gebruikt

intet / noget

niets / iets

gammel / ung

oud / jong

tændt / slukket

aan / uit

åben / lukket

open / dicht

stille / højt

stil / luid

rig / fattig

rijk / arm

rigtig / forkert

juist / fout

ru / glat

ruw / glad

ked af det / lykkelig

droevig / blij

kort / lang

kort / lang

langsom / hurtig

traag / snel

våd / tør

nat / droog

varm / kold

warm / koud

krig / fred

oorlog / vrede

0

nul

nul

1

en

één

2

to

twee

3

tre

drie

4

fire

vier

5

fem

vijf

6

seks

zes

7

syv

zeven

8

otte

acht

9

ni

negen

10

ti

tien

11

elleve

elf

12
tolv

twaalf

13
tretten

dertien

14
fjorten

veertien

15
femten

vijftien

16
seksten

zestien

17
sytten

zeventien

18
atten

achtien

19
nitten

negentien

20
tyve

twintig

100
hundrede

honderd

1.000
tusinde

duizend

1.000.000
million

miljoen

engelsk

Engels

amerikansk engelsk

Amerikaans Engels

kinesisk mandarin

Chinees (Mandarijn)

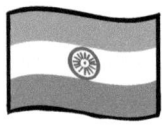

hindi

Hindi

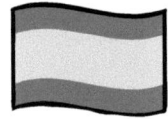

spansk

Spaans

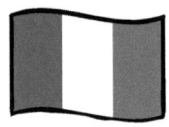

fransk

Frans

arabisk

Arabisch

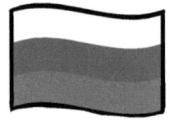

russisk

Russisch

portugisisk

Portugees

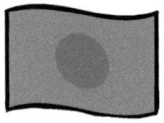

bengalsk

Bengali

tysk

Duits

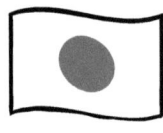

japansk

Japans

jeg
ik

du
u

han / hun / den / det
hij / zij / het

vi
wij

I
u

de
ze

hvem?
wie?

hvad?
wat?

hvordan?
hoe?

hvor?
waar?

hvornår?
wanneer?

navn
naam

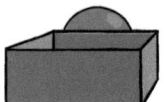

bag
....
achter

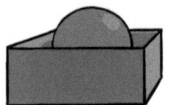

i
....
in

foran
....
voor

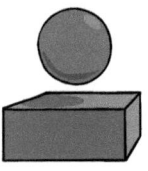

over
....
boven

på
....
op

under
....
onder

ved siden af
....
naast

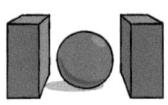

imellem
....
tussen

sted
....
plaats